Dieses Buch gehört:

Sei lieb zu diesem Buch!

Ebenfalls lieferbar:

ISBN 978-3-649-63609-0

ISBN 978-3-649-63864-3

ISBN 978-3-649-64157-5

Danksagung
Besonderer Dank gilt Herrn Michael Mack (Honorarkonsul der Republik Frankreich), der nicht nur dieses Buch ermöglichte, sondern die Welt von Madame Freudenreich und ihren Dinos auch im Europa-Park als Themenfahrt zum Leben erweckt hat. Das Buch ist eine Hommage an die Region Elsass und die deutsch-französische Freundschaft.

FSC MIX Papier | Fördert gute Waldnutzung FSC® C022-20

Mineralöl freie Druckfarbe

20 19 18 27 26 25
ISBN 978-3-649-63026-5

Hafenweg 30. 48155 Münster
Mit besonderem Dank an die Familie Mack und den Europa-Park.
Weiterer Dank an Tobias Mundinger.

www.coppenrath.de

DINOSAURIER

in Omas Garten

Ein Buch von Jörg Ihle und Dominik Hochwald
Mit Bildern von Petra Fritz

COPPENRATH

Endlich Ferien! Zum ersten Mal durften Leon und Sophie allein Urlaub bei Oma machen. Schon auf der Autofahrt freuten sie sich riesig. Vor allem auf die lustigen und aufregenden Dinge in Omas Kuriositätenladen waren die beiden gespannt.

Es war schon spät, als Mama, Leon und Sophie endlich ankamen. „Na, ihr seid ja wieder gewachsen!“, freute sich Oma und drückte die Kinder herzlich an sich.

„Die beiden gehören aber gleich ins Bett“, sagte Mama zu Oma. „Und zeig ihnen bitte nicht zu viele gruselige Sachen aus deinem Laden.“

„Typisch Mama!“, seufzten Leon und Sophie im Chor.

„Viel Spaß, ihr zwei!“, sagte Mama. Sie gab den Kindern einen Kuss und verabschiedete sich.

Augenzwinkernd erlaubte Oma den Kindern, noch eine halbe Stunde aufzubleiben. Neugierig erkundeten sie ihren Laden. Hier gab es viele spannende Sachen: vom uralten Radio bis hin zu geheimnisvollen Schatzkarten.

In einer Truhe entdeckte Sophie ein riesiges Ei. „Was ist denn das?“, fragte sie.

„Das ist ein echtes T-Rex-Ei“, erklärte Oma.

„Von einem Tyrannosaurus Rex?“, staunte Leon.

Oma nickte.

„Der war einer der größten Dinos und er hat den ganzen Tag nur Fleisch gegessen!", sagte Leon.
„Na, soweit ich weiß, mag er aber nicht nur Fleisch!", antwortete Oma vergnügt. „Er liebt vor allem auch Sahnetörtchen!"
„Aber die gab es doch früher noch gar nicht …", wunderte sich Leon.

Am nächsten Morgen schliefen die Kinder noch friedlich in ihrem Zimmer unter dem Dach, als Sophie von einem Rascheln geweckt wurde.

„Leon, wach auf!“, flüsterte sie. „Meine Socke kann laufen!“
„Was?“, murmelte Leon und blinzelte verschlafen. Und tatsächlich: Vor ihren Augen rannte Sophies Strumpf durch den Raum!
„Komm! Hinterher!“, rief Sophie.

In ihren Schlafanzügen jagten sie die Treppe hinab, der flinken Socke dicht auf den Fersen.

Durch eine Katzenklappe schlüpfte sie in Omas großes Gewächshaus.

Vorsichtig öffnete Leon die Tür. Wie angewurzelt blieben die Kinder stehen: Im Gewächshaus wimmelte es nur so von Dinosauriern! Da ein Triceratops, dort ein Brontosaurus und auch unter der Socke erkannte Sophie nun einen kleinen Dino. Als Oma ihre Enkel erblickte, winkte sie den beiden vergnügt zu: „Ihr seid aber früh wach, meine Lieben!"
Plötzlich trat ein echter T-Rex aus dem Dickicht und die Kinder schreckten zurück.

Doch Oma lächelte sie liebevoll an. „Ihr braucht keine Angst zu haben, meine Dinos sind alle handzahm", erklärte sie. „Und stubenrein. Darauf lege ich großen Wert", fügte sie mit erhobenem Zeigefinger hinzu.

„Woher hast du denn die ganzen Dinos?“, fragte Sophie. „Die ziehe ich selbst auf!“, antwortete Oma stolz, während ihr der kleine Compsognathus in die Arme sprang. „Aus Eiern, die ich auf einem Gletscher in Südamerika gefunden habe.“

Sie zeigte den Kindern ihren Brutkasten. „Durch die Lampe haben es die Eier schön warm, oder?“, fragte Leon. „Ganz genau!“, freute sich Oma. „Du kennst dich ja richtig gut aus!“

„Wollt ihr mir vielleicht beim Füttern helfen?“, fragte Oma die beiden. „Um diese Zeit frühstücken meine Dinos immer!“

Die Kinder staunten, als sich die Saurier voller Vorfreude um Oma scharten.

Sophie streckte dem T-Rex vorsichtig ein Sahnetörtchen entgegen, und auch Leon traute sich allmählich, Oma zu helfen. Er befüllte den Fressnapf der kleineren Dinos, die sich schwanzwedelnd über das Futter hermachten.

So einen spannenden ersten Tag bei Oma hatten sich Leon und Sophie nicht erträumen lassen. Omas Dinos waren nicht nur lieb und zutraulich, sondern auch sehr hilfsbereit: Der Ankylosaurus half Oma beim Apfelpflücken, indem er mit seiner Schwanzkeule gegen den Baumstamm schlug.

„Mein kleiner Stegosaurus schläft immer so tief und friedlich“, erklärte Oma. „An seinen Rückenplatten kann ich wunderbar meine Wäsche zum Trocknen aufhängen!“

Sogar beim Kuchenbacken waren Oma und ihre Dinos ein eingespieltes Team! Auch wenn die kleinen Saurier natürlich ziemlich viel vom Teig naschten.

Am Abend saßen alle gemütlich in Omas Wohnzimmer beisammen. Leon trank eine heiße Schokolade, Sophie kümmerte sich um die frisch geschlüpften Saurier und Oma strickte einen langen Schal für den Brontosaurus.
„Ach, ist das schön, all meine Lieben hier bei mir zu haben", sagte Oma glücklich.

An jedem Morgen ihrer Ferien freuten sich Sophie und Leon darauf, mit den Dinosauriern zu spielen. Am Hals des Brontosaurus konnten die beiden aus ihrem Zimmerfenster bis in den Garten hinabrutschen.

Beim Versteckspiel hatte es der Stegosaurus am schwersten. Immer wieder versuchte er, sich hinter viel zu kleinen Blumentöpfen zu verstecken, und war jedes Mal enttäuscht, wenn ihn die Kinder als Erstes fanden.

Und Seilspringen machte mit Omas Dinos doppelt so viel Spaß!

Doch als der T-Rex beim Fußballspielen mitmachen wollte, stieß er sich den Kopf an der Decke von Omas Gewächshaus. Sophie merkte, dass er immer gebückt gehen musste, um sich nicht zu stoßen.
Und auch der lange Brontosaurus hatte zu wenig Platz. Als er sich umdrehte, um zu schauen, was dem T-Rex passiert war, schlug er mit seinem Schwanz versehentlich ein Loch in die Wand.

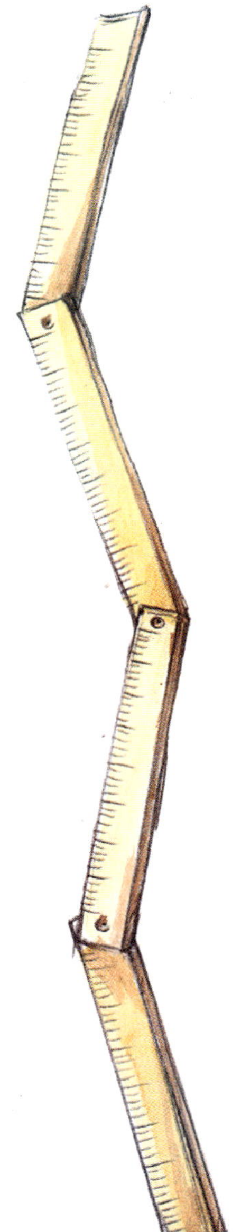

„Ich glaube, die Dinos sind zu groß für Omas Zuhause geworden“, überlegte Sophie. Die Kinder begannen, auch die anderen Dinos aufmerksamer zu beobachten. Sie stellten fest, dass es der Stegosaurus nicht mehr durch die Tür von Omas Gewächshaus schaffte und der Triceratops aus seiner Hütte herausgewachsen war.

Die Kinder holten Oma herbei und erzählten ihr, was sie gesehen hatten. „Die Dinos haben nicht mehr genug Platz“, erklärte Sophie.

Oma rückte ihre Brille zurecht und schaute sich um. „Ihr habt recht“, sagte sie verblüfft. „Das ist mir noch gar nicht aufgefallen. Wenn man sie jeden Tag sieht, merkt man überhaupt nicht, wie schnell sie wachsen!“

Leon betrachtete den kleinen Brontosaurus in seinem Arm. Nicht auszudenken, wie eng es hier werden würde, wenn auch dieser einmal ausgewachsen war!

Aber wo konnten die Dinos stattdessen unterkommen?
„Wie wäre es mit dem Wald?", fragte Leon.
Oma schüttelte den Kopf. „Nachher entdeckt sie noch der Jäger", sagte sie.
Leon erschauderte bei dieser Vorstellung.
„Und was wäre mit einem Fußballstadion?", fragte Sophie. „Da hätten sie doch ganz viel Auslauf!"
„Aber dann rennen bestimmt alle Spieler weg", entgegnete Leon. „Es weiß ja keiner, wie lieb Omas Dinos sind."

Am Abend kletterten die Kinder am Hals des Brontosaurus hinauf, um die Umgebung zu erkunden. Von hier oben hatten sie eine überwältigende Aussicht.

„Guck mal, da ist ein Schloss mit einem riesigen Garten!“, rief Sophie auf einmal.

„Der ist doch bestimmt groß genug für unsere Dinos!“, freute sich Leon.

Aufgeregt erzählten Leon und Sophie ihrer Oma von der Entdeckung.
„Ach, der Schlossgarten …", seufzte sie. „Der gehört dem alten Grafen Alfons von Grabenzorn, der schon seit vielen, vielen Jahren nicht mehr gelacht hat."
„Wieso ist er denn so griesgrämig?", wollte Sophie wissen.
„Manche sagen, er sei früher einmal anders gewesen", erzählte Oma. „Aber dann starb sein Hund, der sein treuster Freund gewesen war, und der Graf wurde unglücklich und verbittert. Seitdem lässt er niemanden mehr in sein Zuhause. Und ganz bestimmt nicht meine lieben Saurier."

Zum ersten Mal sahen Leon und Sophie ihre Oma weinen. „Am Ende muss ich womöglich einige der Dinos weggeben", schluchzte sie. „Oder noch schlimmer: Sie werden entdeckt und in Käfige gesteckt."

Leon und Sophie legten ihre Arme um sie. „Mach dir keine Sorgen, Oma. Wir helfen dir schon, etwas zu finden!", versuchten die Kinder, sie zu trösten.

„Womit habe ich denn so tolle Enkel verdient?", lächelte Oma mit verweinten Augen.

Am nächsten Tag überlegten Leon und Sophie, wie sie Oma helfen konnten. Doch ihnen wollte einfach nichts einfallen. Nachdenklich spielte Leon mit einem Stock herum, bis er ihn schließlich verärgert wegwarf.

Da flitzte einer der Raptoren los, fing den Stock wie ein Hund und brachte ihn schwanzwedelnd zu Leon zurück.

Leon machte große Augen. Er hatte eine Idee.

„Der alte Graf vermisst doch seinen Hund!“, erklärte er Sophie. „Und was macht einen guten Hund aus?“

„Dass er kuschelig ist?“, fragte Sophie.

„Genau und außerdem kann er Stöckchen holen, Sitz und Platz machen und ist stubenrein!“, fuhr Leon begeistert fort. „Was, wenn wir dem alten Grafen einen Raptor schenken?“

„Dann hat er endlich wieder ein zutrauliches Haustier und ist nicht mehr so allein!“, rief Sophie.

„Und wenn er sieht, wie lieb Omas Raptor ist, dann nimmt er vielleicht auch die anderen Dinos bei sich auf“, schloss Leon.

Gleich nach dem Mittagessen begannen die beiden, dem Raptor Hundetricks beizubringen: Stöckchenholen ...

... Pfötchengeben,
Sitz und Platz ...

... und sogar durch einen Reifen konnte er am Ende springen!

Als er alle Übungen bestanden hatte, entschlossen sich Leon und Sophie, ihren Plan in die Tat umzusetzen.

Vorsichtig näherten sich die Kinder dem Haus des Grafen. Etwas ängstlich klopften sie an die große Holztür, während sich der Raptor hinter einem Busch versteckte.
Der Graf öffnete und schaute griesgrämig auf die beiden hinab. „Was wollt ihr?!", blaffte er sie an und die Kinder zuckten zusammen.
„Wir haben gehört, dass Sie Ihren Hund vermissen, und wollten Ihnen ein neues Haustier zum Stöckchenspielen schenken", sagte Leon und reichte dem Grafen einen Stock.
„Ihr wollt mich wohl veräppeln, was?!", fuhr der Graf Leon an. Verärgert warf er den Stock davon. Sofort sprang der Raptor auf, schnappte sich das Stöckchen und brachte es schwanzwedelnd zum Grafen zurück.

„Was zum ...?“, setzte der Graf ungläubig an, als der Raptor auch schon begann, ihm das Gesicht abzuschlecken. Aus dem Grummeln des Grafen wurde langsam ein erstauntes Kichern und schließlich ein herzliches Lachen.

„Du bist ja wie ein Hund! Genau wie mein Eddy damals!“, freute er sich. Glücklich streichelte er dem Raptor über den Kopf.

Als die Kinder sahen, wie froh der Graf auf einmal war, erzählten sie ihm von den anderen Dinos und dass sie zu groß für Omas Zuhause geworden waren. „Wieso bringt ihr die Saurier nicht zu mir in den Schlossgarten?“, fragte der Graf. „Ich war so allein in den letzten Jahren, dass ich etwas Gesellschaft durchaus vertragen könnte.“
Leon und Sophie strahlten bis über beide Ohren. Sie gaben dem Grafen die Hand, um ihre Abmachung zu besiegeln.

Als die Dinos schließlich in den Garten des Grafen zogen, war Oma überglücklich. Sie nahm Leon und Sophie in ihre Arme.
„Ihr seid die besten Enkel, die man sich wünschen kann!“, sagte sie.
Im Schlossgarten hatten alle Dinos genug Platz: Der T-Rex musste nicht mehr gebückt laufen, der Brontosaurus konnte sich bewegen, wie er wollte, und der Stegosaurus blieb nicht ständig irgendwo stecken.
Und Spaß haben konnte man hier obendrein! Fröhlich buddelten die Saurier im Sandkasten, wippten mit Sophie oder planschten im großen Springbrunnen.
Leon und Sophie waren stolz, ihrer Oma geholfen zu haben. Und Oma verdrückte vor lauter Rührung ein Freudenträchen.

Doch auch die schönsten Ferien mussten einmal zu Ende gehen. „Aber nichts Mama verraten – Erwachsene haben immer so viel Angst vor Dinos“, sagte Oma augenzwinkernd, als Leon und Sophie von ihrer Mutter abgeholt wurden.
„Versprochen!“, erwiderten Leon und Sophie im Chor.
„Was ist versprochen?“, fragte Mama neugierig.
„... dass mich die beiden bald wieder besuchen kommen“, antwortete Oma schnell. „Hier gibt es nämlich immer etwas Aufregendes zu erleben!“
Mama lachte fröhlich, während Leon und Sophie zu ihr ins Auto stiegen. Sie winkten Oma zum Abschied und fuhren davon.
„Das war der beste Urlaub aller Zeiten!“, rief Leon vom Rücksitz.

Als sie am Schlossgarten vorbeifuhren, erblickten die Kinder Omas Saurier, die heimlich durch die Hecke schauten.

„Auf Wiedersehen, liebe Dinos“, flüsterte Sophie glücklich. „Bis zu unseren nächsten Ferien bei Oma.“